PROYECTOS REALES
PARA EXPLORAR
LA SEGUNDA
GUERRA MUNDIAL

rosen publishing's
rosen central
New York

ANGIE TIMMONS
TRADUCIDO POR ALBERTO JIMÉNEZ

Published in 2019 by The Rosen Publishing Group, Inc.
29 East 21st Street, New York, NY 10010

Copyright © 2019 by The Rosen Publishing Group, Inc.

First Edition

Library of Congress Cataloging-in-Publication Data

Names: Timmons, Angie, author.
Title: Proyectos reales para explorar la Segunda Guerra Mundial / Angie Timmons, translated by Alberto Jiménez.
Description: New York : Rosen Central, 2019. | Series: Aprendizaje basado en proyectos: Estudios sociales | Includes bibliographical references and index. | Audience: Grades: 5–8.
Identifiers: ISBN 9781499440294 (library bound) | ISBN 9781499440300 (pbk.)
Subjects: LCSH: World War, 1939–1945—Juvenile literature.
Classification: LCC D743.7 .T56 2018 | DDC 940.53—dc23

Manufactured in the United States of America

CONTENIDO

Podría decirse que la Segunda Guerra Mundial es uno de los acontecimientos más importantes de la historia. El conflicto redefinió el concepto de la guerra e introdujo una forma de armamento que catapultó al mundo a las hostilidades secretas que aún envenenan las relaciones internacionales. Desde el comienzo de la guerra, con las invasiones japonesas y alemanas de sus países vecinos a finales de los años treinta, hasta la devastación total que provocó el fin de la guerra en 1945, los tentáculos del conflicto se extendieron a casi todos los rincones del planeta.

La guerra de trincheras de la Primera Guerra Mundial —que supuestamente iba a "terminar con todas las guerras"— ya no existía; la Segunda Guerra llevó la lucha al aire, al mar e incluso al subsuelo. Además, dio lugar al industrialismo y la innovación, lo que produjo armas sofisticadas y poderosas, y a la evolución de las tecnologías de cifrado y descifrado de mensajes en clave. Estados Unidos y sus aliados libraron una guerra en dos frentes:

En agosto de 1942, el desembarco de tropas aliadas en las islas Salomón daba inicio a la batalla de Guadalcanal. La campaña duró seis meses y acabó con un importante triunfo aliado en el Pacífico.

Europa y el Pacífico. Los combatientes de ambos bandos utilizaron nuevas tecnologías que podían eliminar a miles de personas con un solo ataque aéreo. Un solo misil submarino era capaz de paralizar la fuerza naval de otra nación o destruir su suministro de alimentos y otros recursos. En esta guerra apenas hubo distinción entre civiles y militares. Cuando líderes fanáticos invadían países y llevaban a cabo atrocidades contra personas inocentes, todo y todos se convertían en objetivos. Con tales atrocidades empezó y acabó la guerra.

El aprendizaje basado en proyectos, o ABP, es una buena forma de estudiar los matices de un conflicto complejo que llevó a Estados Unidos a convertirse en la mayor superpotencia mundial, introdujo el complejo industrial-militar, cambió las fronteras globales y generó tiempos de nuevos conflictos.

En una contienda tan complicada, fascinante y emotiva como la Segunda Guerra Mundial, los métodos tradicionales de enseñanza, como las conferencias y el estudio de gruesos libros de texto, corren el riesgo de dejar fuera detalles importantes. El ABP pone a los estudiantes a cargo de cómo aprenden. Con este método, se involucran en el tema durante un período prolongado a través de la investigación, la colaboración dinámica en grupo, la toma de decisiones, la resolución de problemas, la reflexión y la presentación pública del proyecto. Además, el ABP les pide que planteen el tema en un contexto del mundo real, ya que relaciona las áreas de estudio con acontecimientos actuales.

Aunque la Segunda Guerra Mundial es un capítulo fascinante de la historia, su intrincada red puede dificultar su estudio. El ABP elimina gran parte de esa dificultad y añade un enfoque interdisciplinar que deja el timón en manos de los estudiantes.

CAPÍTULO UNO

LOS ORÍGENES DE LA GUERRA

Muchos historiadores ven el inicio de la Segunda Guerra Mundial en la invasión japonesa de China en 1937 (lo que también se considera el comienzo de la Segunda Guerra chino-japonesa). En gran medida oscurecido por las batallas globales que estallaron en los ocho años siguientes, el conflicto chino-japonés fue un presagio de lo que sucedería en la Segunda Guerra Mundial: puntos de vista extremos, invasiones violentas motivadas por las ideas de superioridad racial y el expansionismo, el uso del poderío industrial y militar contra países peor equipados y horribles atrocidades contra militares y civiles.

En la invasión y ocupación japonesa de la ciudad china de Nankín, en lo que ahora se conoce como Masacre (o Violación) de Nankín, decenas de miles de niñas y mujeres fueron violadas y asesinadas. Los testigos cuentan que se atravesaba con bayonetas a bebés y niños pequeños, se enterraba y se quemaba vivos a los prisioneros de guerra, se disparaba por la espalda a civiles y prisioneros, y que el río Yangtsé se tiñó de sangre durante días. Nankín fue un ejemplo temprano de crímenes de guerra alimentados por el odio.

Al mismo tiempo, el movimiento radical que había llegado al poder en Alemania estaba dispuesto a poner a Europa de rodillas. Adolf Hitler y el Partido Nazi lideraron una campaña para exterminar a los no arios y crear un mundo para su raza germánica. Hitler reunió inesperados aliados para su causa y comenzó a invadir territorios.

En 1933, siete años antes del estallido de las hostilidades globales de la Segunda Guerra Mundial, Adolf Hitler arengaba a los alemanes para que apoyaran su visión de una Alemania racialmente pura.

En 1940, Japón y Alemania habían sellado una alianza alimentada por los deseos expansionistas y la idea de superioridad racial. El dictador italiano Benito Mussolini, aliado de Hitler desde 1936, se unió al conflicto en 1940 al declarar la guerra a un rival histórico: Francia. La alianza de Alemania, Japón e Italia (las llamadas "potencias del Eje", o "Eje") se convertiría

EL PAPEL DE ITALIA

Tras las victorias aliadas en los Balcanes y el norte de África, Mussolini fue destituido por políticos y militares italianos en el verano de 1943. Alemania actuó con rapidez. Un grupo de sus fuerzas especiales rescató a Mussolini de un centro de detención de los Abruzos, lo puso a la cabeza de un estado títere en el norte de Italia y desarmó a los italianos. Alemania siguió ocupando Italia pese a la rendición de esta a los Aliados, lo que provocó la alarma tanto entre italianos como alemanes. Las fuerzas aliadas instilaron en gran parte de Italia un sentimiento anti Eje, lo que las ayudó en su sangrienta marcha hacia el norte. En 1945, un grupo de la resistencia italiana capturó y ejecutó a Mussolini.

A pesar de su breve y ambiguo papel en la Segunda Guerra Mundial, Italia provocó que las fuerzas aliadas dedicaran tropas al Mediterráneo, al norte de África y a la propia Italia mientras la guerra estallaba en otros lugares. Aunque el país acabó por unirse a la causa aliada, el esfuerzo de reclutamiento fue largo y sangriento.

en el núcleo de un conflicto que se extendió mucho más allá de los ataques japoneses contra Asia continental y la marcha de Hitler sobre Europa. Contra los poderes del Eje estaban los Aliados. Entre las naciones aliadas clave se encontraban Reino Unido, China, la Unión Soviética y Estados Unidos, aunque las dos últimas no se unieron a los Aliados hasta 1941.

PREGUNTA: ¿CÓMO ES POSIBLE QUE SOLO DOS NACIONES PROVOCARAN UNA GUERRA MUNDIAL?

En el Lejano Oriente, Japón era un país aislado desde el siglo XVII. Esta larga historia de aislamiento preservó su cultura y lo que los japoneses consideraban su superioridad racial. A mediados del siglo XIX, los buques de guerra estadounidenses entraron en la bahía de Tokio, y oficiales fuertemente armados forzaron a los impresionados y aterrados japoneses a firmar acuerdos portuarios, marítimos y comerciales que mejorarían las rutas comerciales de Estados Unidos.

Al ver que su aislamiento había provocado que se quedara atrás respecto al resto del mundo en tecnología militar, el Gobierno japonés impuso un estricto código moral (bushidō, o "camino del guerrero", el código del samurái) a todos los ciudadanos, para industrializarse con rapidez. Pero la mejora de su industria y sus fuerzas armadas precisaba recursos naturales que solo podía obtener del comercio con países como Estados Unidos y sus vecinos de Asia continental. Esta necesidad, junto a los fuertes ideales nacionales de superioridad racial, le hizo enviar tropas al extranjero en una marcha sangrienta a través de Asia y en un vuelo devastador sobre el Pacífico.

Como castigo por la agresión de Alemania en la Primera Guerra Mundial, Estados Unidos, Reino Unido y Francia instituyeron las exigencias del Tratado de Versalles: reparaciones de guerra, pérdida de tierras y disminución sustancial del ejército. Alemanes desempleados y desesperados, muchos de los cuales ya estaban enojados por los duros términos del Tratado de Versalles, culpaban al Gobierno por débil. Hitler, un orador potente y enfático, prometió prosperidad, la revocación del Tratado de Versalles y la restauración de la cultura alemana si su Partido Nazi era

Soldados japoneses marchan en un desfile de 1936 antes de partir hacia Manchuria, ocupada por Japón desde 1931.

elegido. Los nazis lanzaron una campaña de propaganda que dirigió la impaciencia, la ira y el miedo de los alemanes contra grupos específicos, como los judíos. A mediados de la década de 1930, los nazis llegaron al poder y el Führer del partido, Hitler, propagó las ideas de superioridad racial germánica y la supuesta amenaza que otras razas y grupos étnicos suponían para los alemanes.

PROYECTO
IMPERIALISMO Y SUPERIORIDAD RACIAL

Se llama *teatro* al lugar donde ocurren acontecimientos notables, como una batalla. En la Segunda Guerra Mundial hubo dos teatros: el europeo y el del Pacífico. Al hacer mapas de algunos de los sucesos claves de la guerra entenderemos mejor por qué se la llamó "mundial".

- Investiga los movimientos de las fuerzas del Eje de finales de los años treinta y los primeros años de la Segunda Guerra Mundial. Considera factores tales como el imperialismo, la búsqueda de recursos naturales, las ideas de superioridad racial o étnica y una historia de fricción entre las naciones (por ejemplo, Japón y China o Alemania y Francia).
- Elabora un mapamundi virtual con gráficos móviles (flechas, barcos, aviones). Las herramientas útiles para este proyecto incluyen ZeeMaps y Mapline. El documental de History Channel *La Segunda Guerra Mundial desde el espacio* ofrece un buen ejemplo del funcionamiento de un globo virtual, de las técnicas de hacer mapas virtuales y del uso de gráficos relevantes.
- Elige dos invasiones de las potencias del Eje —uno en el teatro del Pacífico y otro en el

teatro europeo— que tuvieran gran impacto en el desarrollo de los primeros años del conflicto bélico.

- Utiliza gráficos móviles para mostrar cada una de ellas. Puedes usar un color diferente para representar las fuerzas de cada país.
- Aprovechando lo que aprendiste al investigar, añade al mapa los motivos de cada invasión en una nota breve, junto a cada gráfico.
- Investiga ejemplos actuales de conflictos nacionalistas, racistas y culturales que llevaran a la agresión, por ejemplo en Rusia, Ucrania, Siria u otras partes de Oriente Medio. Agrega uno de esos conflictos a tu mapa, acompañado de una nota explicativa.
- Presenta tu mapa virtual en clase, y dirige un debate sobre los sucesos actuales y los de la Segunda Guerra Mundial que se ven en él.

PREGUNTA: ¿QUÉ PAPEL JUGÓ LA GEOGRAFÍA EN LA SEGUNDA GUERRA MUNDIAL, Y CÓMO ÉSTA A SU VEZ HA AFECTADO LA GEOGRAFÍA Y LOS CONFLICTOS ACTUALES?

Hitler envió su ejército contra los vecinos y enemigos tradicionales de Alemania. En 1939, hizo un pacto secreto con el líder soviético Joseph Stalin para invadir Polonia juntos. Alemania invadió Polonia occidental y los soviéticos Polonia oriental. El mundo, Estados Unidos incluido, vio lo que ocurría, pero solo algunos países se movilizaron contra Hitler.

La Luftwaffe, fuerza aérea de Alemania durante la época nazi, sometió a continuos bombardeos la ciudad polaca de Varsovia poco después de que Hitler invadiera el país en 1939.

En Asia, las agresiones llevaban tiempo produciéndose, en ciertos casos durante décadas. Japón hizo varias incursiones militares en Rusia y Asia continental a partir de la década de 1880. En 1941, ocupando ya grandes áreas de China, puso la mira en el Sudeste Asiático e invadió Indochina en julio de ese mismo año. Esta invasión provocó que el presidente Franklin D. Roosevelt congelara los activos japoneses en Estados Unidos e interrumpiera el comercio con Japón.

A principios del siglo XX, los estadounidenses se aferraban a la idea de no involucrarse en asuntos globales.

El país había entrado en la Primera Guerra Mundial, pero tarde. La década de 1920 y la Gran Depresión solo consiguieron avivar el aislacionismo. Los ciudadanos se sentían seguros y querían centrarse en su propia recuperación económica, y no querían involucrarse en asuntos de otros países. El ataque de Japón a Pearl Harbor, el 7 de diciembre de 1941, les demostró que sus barreras oceánicas no los protegían de las agresiones.

PROYECTO
EL LEGADO DE LA LUCHA Y LA SUPERVIVENCIA

Estados Unidos se unió a los Aliados a finales de 1941. A medida que la guerra se exacerbaba y la necesidad de asegurar los recursos vitales, así como el hecho de proteger las líneas de transporte de esos recursos se convertían en guerras en sí mismas, la geografía fue golpeada para siempre por algo más que batallas.

La siguiente lista incluye incidentes, acontecimientos, operaciones y acciones importantes relacionadas con la Segunda Guerra Mundial. Por ejemplo, la interferencia en países en desarrollo de Oriente Medio y África durante ese período es responsable de muchas de las hostilidades actuales. Utiliza esta lista para encontrar otros ejemplos de sucesos sobre esta guerra que tuvieran efectos duraderos. Luego escribe un ensayo sobre la influencia de uno de ellos en el mapa del mundo actual.

- El Tratado de Versalles y una Alemania en desintegración.
- La invasión japonesa de China y de otras naciones asiáticas continentales.
- La invasión japonesa de Indochina.
  - Considera el aspecto francés de esta agresión y cómo afectó a los Aliados.
- La invasión de Polonia en 1939.
- Las invasiones y agresiones soviéticas en los países bálticos (por ejemplo, Finlandia).
- Las invasiones alemanas en Europa entre abril y junio de 1940.
- La evacuación de Dunquerque.
- La entrada de Italia en la guerra.
  - Considera el impacto de la participación italiana en el Mediterráneo y África del Norte.
- El ataque a Pearl Harbor.
- La invasión alemana de la Unión Soviética y cómo un invierno ganó una batalla.
- La batalla de Inglaterra.
- La guerra anglo-iraquí y el Farhud.
- La campaña de Siria-Líbano.
- La invasión anglo-soviética de Irán.
- La Operación Torch.
- La Operación Compass.

PREGUNTA: LAS SANCIONES ECONÓMICAS, COMO LOS EMBARGOS, ¿PROVOCARON ACCIONES QUE LLEVARON A LA SEGUNDA GUERRA MUNDIAL Y TUVIERON REPERCUCIONES DURANTE LA MISMA?

A finales de los años treinta y principios de los cuarenta, los embargos comerciales estadounidenses contra Japón limitaron el acceso de este país al petróleo. Japón tomó represalias con el bombardeo de Pearl Harbor, lo que provocó que Estados Unidos entrara en la guerra.

Estas acciones solo tocan superficialmente los diversos embargos y limitaciones al comercio que llevaron a las hostilidades. Alemania fue objeto de un comercio restringido en los años previos a la guerra, lo que causó resentimiento entre los ciudadanos comunes y los poderosos. Líderes carismáticos, como Hitler, azuzaron a su ciudadanía para culpar a grupos étnicos de acaparar sus recursos y minar su superioridad racial.

PROYECTO
LA INESTABILIDAD QUE CAUSÓ LA GUERRA

Estudia las diversas acciones relacionadas con el comercio que causaron inestabilidad y desaceleración económica entre los principales agresores de la Segunda Guerra Mundial, Alemania y Japón. Investiga cómo las relaciones comerciales obligaron a Italia a unirse a las potencias del Eje.

- Los factores económicos abarcan muchas relaciones causa-efecto que van más allá de lo meramente dinerario. Investiga cómo la supuesta superioridad racial japonesa y alemana alimentaba, potenciaba y aguijoneaba su incansable búsqueda de

En el aprendizaje basado en proyectos, los estudiantes dirigen los debates, como parte de su presentación o después de ella, para ver qué opinan del tema sus compañeros de clase.

recursos que se creían con derecho a poseer.

- Usando un *software* de diseño, crea tarjetas coloridas, claras y fáciles de leer para que tus compañeros entiendan las causas económicas que desencadenaron la Segunda Guerra Mundial. Escribe detalles específicos que les permitan identificar a qué nación afectaba la causa, pero lo bastante genéricos como para que deduzcan el efecto (por ejemplo, la causa sería :"Reparaciones de guerra por agresiones/conflictos pasados"; el efecto sería: "los alemanes estaban resentidos").

- Para el texto del proyecto, puedes utilizar herramientas de diagramación causa-efecto, como SmartDraw, Microsoft Excel o Visio, Apple Sheets y Lucidchart. Para las tarjetas imprimibles, los programas como Microsoft Word te servirán de punto de partida. Hallarás imágenes mediante Freepik y Pixabay; y para el proceso de diseño usa editores de texto y fotos, como Typorama y Piktochart.

- Presenta en clase las tarjetas causa-efecto. Después, debatan cómo los embargos, las sanciones y las relaciones comerciales tensas influyen en las relaciones políticas y económicas de países actuales (por ejemplo, Estados Unidos y Corea del Norte, o el acuerdo sobre el programa nuclear de Irán).

CAPÍTULO DOS

EL ESFUERZO BÉLICO

Cuando Estados Unidos entró en la guerra a finales de 1941, lo hizo con la carga de la mayor depresión económica sufrida por el mundo. Mientras Alemania y Japón pasaron la década anterior obligando a sus poblaciones a poner al país por encima de todo para conseguir una rápida industrialización, Estados Unidos salía cojeando de la Gran Depresión gracias a gastar una cantidad enorme de recursos federales en el New Deal, la reforma económica de gran alcance del presidente Roosevelt que puso a trabajar de nuevo a los ciudadanos. Reino Unido y otras naciones europeas ya estaban consumidas por la guerra y recuperándose de la crisis económica mundial de los años 30. China, el mayor objetivo de Japón, se encontraba en medio de una prolongada guerra civil entre facciones gobernantes rivales. Tras la invasión de seis meses que Hitler llevó a cabo en la Unión Soviética en 1940, los soviéticos estaban acabados. Su invasión a sangre y fuego, arrasó pueblos, ciudades, campos y cosechas. Decenas de millones murieron mientras Hitler perseguía al Ejército Rojo hacia Moscú. Los soviéticos pidieron ayuda a los

Aliados y se unieron por fin contra el Eje, pero con poco más que una pequeña reserva de recursos. Para que las potencias aliadas frenaran el Eje, tendrían que ocurrir grandes cambios.

PREGUNTA: ¿CÓMO CONTRIBUYÓ LA POBLACIÓN CIVIL AL ESFUERZO BÉLICO, Y CÓMO EL BIEN COMÚN Y LA PROTECCIÓN/CRECIMIENTO DE LOS DERECHOS LO IMPULSÓ ESA CONTRIBUCION? ¿CÓMO CAMBIÓ SU PARTICIPACIÓN LA SOCIEDAD?

Apenas unos años antes, los estadounidenses respaldaban las políticas aislacionistas, ya que no querían participar en guerras extranjeras; sin embargo, las realidades de la guerra provocaron un cambio sin precedentes. Al igual que sus homólogos del Eje, los países aliados utilizaron anuncios de radio, periódicos y revistas para movilizar a su pueblo en apoyo de la guerra. Estos anuncios estaban llenos de imágenes y mensajes. Antes de diciembre de 1941, los estadounidenses no tenían miedo a una invasión extranjera, pero eso cambió tras el ataque a Pearl Harbor. El Gobierno capitalizó esa nueva vulnerabilidad duplicando los impuestos y vendiendo bonos de guerra.

Aunque los bonos ofrecían una tasa de retorno por debajo del valor de mercado, representaban una participación moral, financiera y patriótica en la guerra. Para promover su compra, celebridades como Bette Davis y Rita Hayworth se embarcaron en el bombardeo de bonos "Stars Over America", durante el cual visitaron más de 300 ciudades y pueblos. En el Día D Civil de 1944, los aviones sobrevolaron Chicago para lanzar

La propaganda, como la de este cartel que animaba a los estadounidenses a cultivar "huertos de la victoria", generó un amplio apoyo bélico. Los civiles hicieron todo lo posible por colaborar en la guerra.

miles de anuncios que pedían su compra. Las Girls Scouts donaron un sello (de diez centavos) cada una y los vendieron para comprar bonos.

Los cines tenían días de entrada gratis si se compraba un bono. Un programa de radio de dieciséis horas de la CBS vendió cerca de cuarenta millones de dólares en bonos. Los New York Yankees, los Brooklyn Dodgers y los New York Giants dejaban entrar a ciertos partidos si se compraba uno. Estos eventos deportivos generaron 56.5 millones de dólares en ventas.

Al final de la Segunda Guerra Mundial, más de ochenta y

PROGRESO EN EL FRENTE CIVIL

Con casi todos los varones de entre dieciocho y cuarenta y cinco años enviados a luchar, el empleo civil en Estados Unidos aumentó de cuarenta y seis millones en 1940 a más de cincuenta y tres millones en 1945. Las mujeres y los afroamericanos, que seguían siendo objeto de segregación en las Fuerzas Armadas, lograron grandes avances. La Orden Ejecutiva 8802 prohibió la discriminación racial en los programas de formación laboral y por parte de contratistas de defensa y estableció un Comité de Prácticas Justas de Empleo para asegurar su cumplimiento. A finales de 1944, casi dos millones de afroamericanos trabajaban en la industria armamentística. Las mujeres ingresaron en la fuerza laboral en enormes cantidades, simbolizadas por la campaña Rosie the Riveter. Casi todos los trabajadores vieron aumentar sus niveles de ingresos.

cinco millones de estadounidenses habían comprado 185,000.7 millones de dólares en bonos de guerra.

Para los civiles, los militares no eran los únicos que estaban en guerra. Los ciudadanos comunes veían en sus contribuciones (impuestos, alimentos, ingreso en la fuerza laboral) y sus sacrificios (por ejemplo, el racionamiento) su forma de luchar contra regímenes opresivos, como los de Japón y Alemania. A diario, combatían bajo el estandarte de la libertad, dedicando cosechas, dinero, tiempo y otros recursos al esfuerzo bélico.

PROYECTO
COMBATIENDO DESDE CASA

Estudia ejemplos de propaganda que alentó la participación civil en la Segunda Guerra Mundial y de cómo esa participación cambió la sociedad estadounidense durante la guerra y después de ella.

- Encuentra, al menos, quince ejemplos de propaganda estadounidense. Utiliza Google Imágenes, Google Académico y el Catálogo en línea de publicaciones y fotografías de la Biblioteca del Congreso.

- Busca ejemplos del póster de Rosie the Riveter, que animaba a las mujeres a entrar en la fuerza laboral haciendo que se consideraran soldados del frente civil. En lugar de los estereotipos femeninos usados para atraer en generaciones anteriores,

Rosie the Riveter presentó un ideal femenino más fuerte.

- Busca también carteles que celebraran la entrada de los afroamericanos en la fuerza laboral cualificada y en el ejército, como por ejemplo de los aviadores de Tuskegee (también llamados Red Tails, por las marcas rojas de sus aviones), una unidad afroamericana que escoltó a más de 15,000 bombarderos. Fueron los primeros

Un joven escucha una audioguía y mira un anuncio de bonos de la Segunda Guerra Mundial en el Kenosha History Center de Wisconsin. Los bonos de guerra financiaron gran parte de la intervención estadounidense.

aviadores afroamericanos del país, aún gobernado por las leyes de Jim Crow, y formaban parte de un ejército todavía segregado, pero se hicieron famosos por el éxito de sus misiones. Y, aunque al principio los militares blancos los eludían, acabaron por ganarse el derecho a volar en misiones de combate. Tres años después del final de la guerra, el ejército estadounidense suprimió por fin la segregación. En un país cada vez más industrializado, los trabajadores negros encontraron oportunidades en la mano de obra cualificada que mantenía la innovación y la militarización.

- Recopila estas imágenes en una presentación de diapositivas y, antes de cada una, inserta una diapositiva introductoria que explique su importancia para el esfuerzo bélico.
- Finaliza la presentación con diapositivas que estudien el impacto a largo plazo de la participación civil en el esfuerzo de la guerra. Usa algunas para resumir tus ideas sobre lo que motivó que civiles de todo tipo se sacrificaran y se salieran de sus roles tradicionales. En tu resumen, señala las motivaciones emocionales y patrióticas que los guiaron. Para explorar el impacto duradero, considera cómo la Segunda Guerra Mundial alejó a las mujeres de la

típica domesticidad y las convirtió en mano de obra cualificada, y cómo llevó a los afroamericanos y otras minorías a profesiones también más cualificadas. Resume cómo esos grupos acabaron por beneficiarse de su participación en el esfuerzo bélico y cómo crees que esta participación cívica cambió al país para siempre (por ejemplo, la integración laboral y dos sueldos por hogar).

PREGUNTA: ¿QUÉ PAPEL DESEMPEÑABAN LOS DISCURSOS DE LOS LÍDERES POLÍTICOS EN LA MOTIVACIÓN DE LOS CIUDADANOS?

En muchos de sus discursos, Adolf Hitler decía a gritos sus ideas de superioridad racial a multitudes enardecidas. Pese a que hoy sus palabras nos dan escalofríos, en la época de la Segunda Guerra Mundial provocaron un caos mundial.

Aunque sus discursos y los de su aliado del Eje, el dictador italiano Benito Mussolini, eran emotivos, apasionados, enfáticos y plagados de gestos,

El dictador italiano Benito Mussolini se unió a Hitler formando las potencias del Eje.

los poderes aliados no se quedaban atrás. El presidente Franklin D. Roosevelt y el famoso orador y primer ministro británico Winston Churchill pronunciaron una buena cantidad de memorables piezas de oratoria. Ambos hablaban en gran medida del fin de las hostilidades o de hasta dónde tendrían que llegar para acabar con ellas y poder firmar la paz. Adolf Hitler y Benito Mussolini tenían, por el contrario, mensajes muy diferentes.

PROYECTO
DISCURSOS VIBRANTES

Los líderes aliados, como el presidente de Estados Unidos Franklin D. Roosevelt y el primer ministro británico Winston Churchill, siguen en nuestro recuerdo por sus elocuentes e inspiradores discursos que galvanizaban a la ciudadanía, combatiente o no.

- Busquen varios dicursos que Churchill y Roosevelt pronunciaran en la Segunda Guerra Mundial. Para ello, investiguen en Internet, en YouTube o en archivos digitales como los que ofrece la Biblioteca del Congreso y la British Broadcasting Corporation (BBC).
- ¿Qué herramientas utilizan Churchill y Roosevelt para hacer sus observaciones?
  - Tomen nota del tono de los discursos.
  - Escriban los giros de las frases especialmente inspiradoras.

- Recopilen imágenes de estos líderes mientras pronuncian discursos y fragmentos de algunas de las declaraciones más impactantes de discursos notables.
- Creen un blog o presentación que incluya las imágenes, los discursos y las declaraciones que hallaron investigando. Detallen las diferencias entre ambos líderes cuando se dirigían al público. Las herramientas para el blog incluyen WordPress y Google Sitios; las de presentación, Google Slides, PowerPoint y Prezi.
  - Debatan cómo el contenido y la pronunciación de los discursos afectaron a la sociedad civil durante la guerra; comenten también cómo afectaron a su grupo durante la investigación y creación del proyecto.
  - Saquen una conclusión de cómo estos líderes, con la fuerza de sus palabras, consiguieron que la gente tomara decisiones y realizara actos que cambiaron su vida.

CAPÍTULO TRES

LA GUERRA INVISIBLE

En la época actual de comunicación constante y noticias fácilmente disponibles, es muy difícil imaginar un mundo en que la población no estuviera al tanto de los crímenes de guerra. Hoy, los testigos de delitos de odio se limitan a grabarlos en vídeo o audio con sus teléfonos inteligentes y a subir el archivo a los medios sociales, donde se comparte de inmediato.

La atmósfera de desconfianza y la carrera por superar la capacidad militar del enemigo mantuvieron ocultas muchas innovaciones de la Segunda Guerra Mundial. Se desarrollaron códigos secretos, se adoptaron precursores de las tecnologías furtivas (*stealth*) en buques de guerra y portaaviones, y se planearon misiones que se implementaban durante meses antes de llevarse a cabo.

Por desgracia, los secretos más oscuros también se ocultaron. Los campos de exterminio, el verdadero alcance de la brutalidad japonesa en China y el continente asiático, y la reclusión de japoneses americanos en Estados Unidos desaparecieron de los titulares. Ahora sabemos que las hostilidades y las acciones encubiertas que a menudo motivaron y dirigieron entre bastidores la Segunda Guerra Mundial fueron a veces algunas de sus historias más siniestras, de sus páginas más negras.

Después de la rendición de Alemania a las fuerzas aliadas en 1945, los soldados aliados obligaron a muchos ciudadanos alemanes a visitar los campos de concentración, que a veces se encontraban a un par de millas de distancia de las casas y las aldeas. Estos campos, donde se dejó morir de hambre, se gaseó o se quemó a millones de judíos a lo largo del Holocausto alemán, fueron una sorpresa para el ciudadano medio. Los materiales de archivo de sus visitas forzosas muestran cómo algunos se derrumbaban en estado de *shock* o se ponían enfermos al ver los cadáveres amontonados y los espectrales sobrevivientes.

UN HORROR INCOMPARABLE

Aunque las fosas comunes y las pilas de cadáveres esqueléticos horrorizaban por derecho propio, no revelaban otros macabros secretos de los campos de exterminio. En ellos se realizaron experimentos humanos con prisioneros judíos, tanto niños como adultos. Algunos de los detalles más sórdidos de los aspectos médicos y científicos fueron destruidos por los nazis antes de que los Aliados cayeran sobre ellos. Algunos oficiales nazis y de las SS fueron perseguidos por Europa, América del Sur y otras partes del mundo en las décadas siguientes y fueron llevados ante la justicia por los tribunales internacionales. De otros nunca se volvió a tener noticia alguna.

PREGUNTA: ¿QUÉ PODEMOS APRENDER DE LAS VÍCTIMAS Y LOS SUPERVIVIENTES DEL HOLOCAUSTO Y DE LA MASACRE DE NANKÍN?

Entre los libros que se leen en las escuelas, pocos son tan conmovedores y profundos como los que hablan del Holocausto, por ejemplo *La noche,* de Elie Wiesel, o *El diario de Ana Frank*. Wiesel se quedó huérfano y fue encarcelado durante el Holocausto. Ana Frank era una joven alemana de ascendencia judía que llevaba un diario mientras se ocultaba con su familia en los Países Bajos para huir de la Gestapo (la policía secreta nazi

Pese a que Ana Frank murió en un campo de concentración, el diario que escribió mientras estaba escondida perdurará siempre como un emotivo recuerdo del horror del Holocausto.

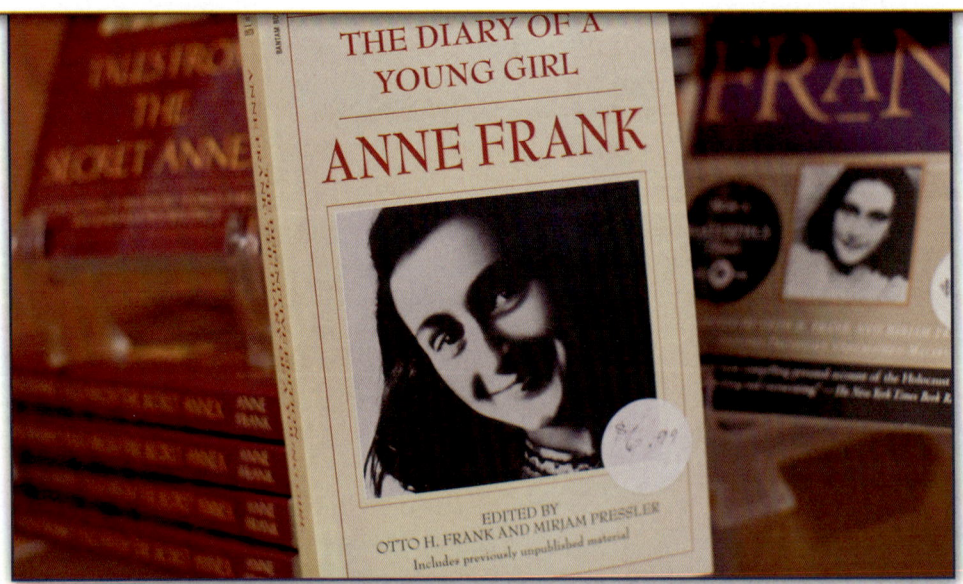

encargada de arrestar a los judíos y encerrarlos en los campos de concentración). En 1944, la Gestapo descubrió a la familia Frank; meses después, Ana moría en Auschwitz. Su diario se ha convertido en un ícono del estudio de la persecución nazi.

Muchos sobrevivientes del Holocausto prestaron testimonio, y sus historias se registraron para los museos y otros recordatorios del genocidio. Las fuerzas aliadas que entraron en los campos también recogieron pruebas de sus horrores. Muchos soldados admitieron haberse enfermado emocional y físicamente al verlos. Las imágenes de las cámaras de gas, donde los nazis gaseaban a prisioneros vivos, y las pilas de cadáveres esqueléticos circularon por todo el mundo. A los pocos sobrevivientes apenas les quedaba un hálito de vida y, por lo general, habían perdido a la mayoría de sus familiares y amigos por culpa de los nazis.

Más al este, la Masacre de Nankín no fue menos atroz. Cuando Japón invadió China, el ejército imperial avanzó por el río Yangtsé para conquistar la histórica y amurallada ciudad de Nankín. Durante los dos primeros meses de ocupación, los soldados invasores libraron una guerra de terror contra los civiles y los pocos soldados chinos que sobrevivieron a las batallas del Yangtsé. Miles de personas murieron; decenas de miles de mujeres y niñas fueron violadas; se asesinó a ancianos, niños y bebés, y cientos fallecieron a causa del hambre y de las enfermedades.

Aunque algunos sobrevivieron gracias a la ayuda de los occidentales que vivían en la ciudad en el momento de la invasión, la intervención mundial en favor de Nankín fue prácticamente nula. Incluso después de que los bombarderos japoneses hundieran un barco estadounidense en el Yangtsé, justo a las afueras de la ciudad, Estados Unidos se lavó las manos.

Sobre el Holocausto europeo abundan los documentales, los libros y las historias. Aunque la Masacre de Nankín no está tan bien documentada, en las dos últimas décadas han salido a la luz más registros y testimonios de quienes la presenciaron, tanto desde la perspectiva china como desde la japonesa.

PROYECTO
UNA HISTORIA ORAL

Hoy, muchos de nosotros vivimos vidas más pacíficas de lo que la gente de la Segunda Guerra Mundial podría haber imaginado. Por eso transmitir las historias de las víctimas de la guerra es crucial. Debemos entender los horrores que sufrieron, y también identificar las circunstancias actuales que contengan el germen de la persecución racial, étnica o cultural.

- Divídanse en equipos de dos a cuatro estudiantes para investigar los relatos personales de las víctimas del Holocausto, la Masacre de Nankín y otras formas de opresión de la Segunda Guerra Mundial.

  - Si conocen a algún sobreviviente del Holocausto o de la Masacre de Nankín, pregúntenle si estaría dispuesto a contarlo. Busquen orientación sobre cómo transmitir historias orales en "Web Guides to Doing Oral History", de la Asociación de Historia Oral, y en DoHistory.org.

Algunos sobrevivientes del Holocausto han hecho públicas sus trágicas historias. Will Satloff (izquierda) agradece a Nesse Godin que explicara la suya en la escuela de Silver Spring, Maryland, en 2012.

- Busquen también narraciones de primera mano registradas por otros. Pueden ser de sobrevivientes o de personas que murieron a manos de sus perseguidores.

- Elijan las más conmovedoras para presentarlas en clase. Cada miembro del grupo debe contar una mientras pasan diapositivas de imágenes relacionadas.

- Las herramientas de presentación de diapositivas incluyen Microsoft PowerPoint, Prezi, PresentationTube, Pathbrite y Apple Keynote.

Detrás de los serenos acantilados de Dover, en el extremo sureste de Inglaterra —a solo 20 millas (32 kilómetros) del litoral francés cruzando el Canal de la Mancha—, hay un laberíntico sistema de túneles que albergó algunos de los secretos y operaciones más significativos de Reino Unido durante la Segunda Guerra Mundial.

Una entrada a esos túneles se encuentra bajo el castillo de Dover, que vigila desde el siglo XI la costa más vulnerable de Inglaterra. Hoy en día los visitantes se adentran en ellos para ver las salas donde Churchill y otros líderes aliados planearon y aprobaron famosas operaciones de la Segunda Guerra Mundial. Desde aquí se inició el rescate de Dunquerque, una misión de nueve días en la que buques civiles y militares británicos cruzaron el Canal de la Mancha bajo el fuego de bombarderos alemanes, para rescatar a 339,000 soldados atrapados por la artillería alemana en una playa del norte de Francia. Los túneles protegían a criptógrafos que enviaban mensajes, tanto verdaderos como falsos, estos últimos para engañar a las potencias del Eje. Cuando estalló la Guerra Fría a finales de los años cuarenta, se acondicionaron para servir de refugio nuclear.

Los túneles de Dover son un ejemplo de la parte invisible de la Segunda Guerra Mundial. La ciudad de Londres estaba llena de refugios subterráneos que protegían a los líderes durante los bombardeos alemanes, para que las acciones y misiones aliadas pudieran ser aprobadas y llevadas a cabo. Hitler también era aficionado a los búnkeres. De hecho, puso punto final a su vida en el gran búnker de Berlín.

Debido a su cercanía con la Europa continental, los túneles de los acantilados de Dover, Inglaterra, albergaron importantes esfuerzos aliados, como el desciframiento de transmisiones secretas.

PROYECTO
EXPLORAR EL SUBSUELO

Gran parte de la Segunda Guerra Mundial ocurrió a cielo abierto: en las batallas libradas por tierra, mar y aire, o en los ataques aéreos. Sin embargo, muchas decisiones cruciales se tomaron en centros subterráneos de poder, como los búnkeres y el laberinto de túneles de Dover. Estos lugares fueron las plataformas de lanzamiento de algunas de las operaciones más importantes de la guerra.

- Divídanse en equipos de dos o tres estudiantes. Investiguen uno de los lugares ocultos que resultaron cruciales para la guerra.
- Guíen a la clase a través de un recorrido virtual por búnkeres de Berlín, Londres, Dover y otros lugares utilizados por los líderes de la Segunda Guerra Mundial.
  - Para ello, pueden servirse de los *tours* virtuales existentes o los vídeos de turistas. Los programas de visitas virtuales incluyen Animoto, WondaVR y LiveTour.
  - Asegúrense de que su descripción permita ver cómo se accedía a estas zonas, cómo solían ocultarse en lugares muy visibles, qué extensión tenían, cuál era la función de sus dependencias, quiénes las utilizaban, y quiénes murieron en ellas.

PREGUNTA: ¿QUÉ PAPEL JUGÓ LA CRIPTOGRAFÍA EN LA SEGUNDA GUERRA MUNDIAL?

La máquina Enigma (también llamada Victoria) era en esencia una máquina de escribir que cifraba mensajes secretos. Los criptógrafos británicos, alojados en una mansión victoriana llamada Bletchley Park, la utilizaron para descifrar transmisiones alemanas durante la guerra. La máquina se creó en Alemania. La información descifrada por Enigma se llamaba Ultra.

La criptografía (cifrar y descifrar mensajes codificados)

En Bletchley Park, centro de la inteligencia británica durante la guerra, los criptógrafos descifraban los mensajes de Enigma con ayuda de máquinas Bombe. Su trabajo colaboró en la victoria aliada.

fue crucial en los esfuerzos aliados por debilitar a los poderes del Eje. Aunque en ocasiones el equipo de Bletchley conseguía vencer a la máquina que los alemanes creían impenetrable; en otras fracasaban debido a factores como la burocracia y las lagunas en la inteligencia extranjera.

Por ejemplo, a finales de 1941 los alemanes descifraron un mensaje de Bletchley que les permitió hundir siete barcos mercantes. Pese a los incansables esfuerzos del equipo de Bletchley por descifrar el código alemán y proteger a sus compatriotas y aliados, el código cifrado compartido de forma digital era una tecnología casi nueva.

El legado de Enigma tuvo efectos aún más trascendentales. En la década de 1950, interceptar y descifrar códigos ocupaba un papel central en los esfuerzos de inteligencia de cualquier nación poderosa. La máquina Enigma inauguró una guerra sin frentes, la Guerra Fría, un conflicto de cuarenta y cuatro años nacido de las cenizas de la Segunda Guerra Mundial.

PROYECTO
UNA BÚSQUEDA EN LA WEB

Organiza una búsqueda del tesoro en Internet para ayudar a tus compañeros a entender los pormenores del desciframiento de códigos en la Segunda Guerra Mundial. Al igual que a los criptógrafos de la guerra, las pistas y adivinanzas guiarán a tus compañeros a través del proyecto. Las herramientas útiles incluyen Edcanvas, citbite, WebReel, WordPress, Google Sites, Wikispaces y Weebly.

- Haz una lista de subpreguntas y pistas relacionadas con una pregunta principal. Esta lista debe ayudarte a planear el sitio web, a crear pistas y a encontrar las respuestas basadas en Internet por las que los visitantes deben navegar.
  - La lista debe contener objetos y recursos basados en Internet apropiados para tu grupo de edad y con interés suficiente para

Con el aprendizaje basado en proyectos se afinan las habilidades computacionales y se aprenden nuevas formas de usar la tecnología, como la creación de blogs o podcast y el diseño web.

enganchar a los buscadores.
- Incluye a los protagonistas del criptoanálisis de la Segunda Guerra Mundial, como Alan Turing, los códigos que descifraron y los que no pudieron descifrar a tiempo, así como el impacto de ambos.
- Crea el sitio web, con una introducción para la pregunta principal y el objetivo de la búsqueda del tesoro: responder con precisión

a esa pregunta. Basándote en la lista que compilaste, crea enlaces, subpáginas, y otras herramientas de sitios web para guiar a los visitantes en su búsqueda del tesoro en Internet.

• Crea una respuesta clave una vez que todas las piezas de la búsqueda estén en su lugar. Pídele al profesor que te oriente sobre el mejor momento para dar la respuesta clave a los visitantes de tu sitio web.

CAPÍTULO CUATRO

UNA GUERRA DE DILEMAS

La Segunda Guerra Mundial originó numerosos dilemas morales y éticos que giraban en torno a una misma pregunta, pregunta que hoy sigue debatiéndose. Como Conrad Crane, del Centro de Educación y Patrimonio del Ejército, dijo del tema en el documental de History Channel *La Segunda Guerra Mundial desde el espacio*: "¿Seguiremos haciendo lo que nuestras armas nos permitan hacer?".

Muchos de los aspectos más aterradores de la guerra se relacionan con la introducción de sofisticados aviones, bombarderos, reactores y submarinos. Alemania revivió una de sus armas de la Primera Guerra Mundial, el submarino U-Boot, que recorrió el Atlántico durante toda la guerra. Esos submarinos solían actuar en lo que los alemanes llamaban "manadas de lobos", manteniéndose unidos para alcanzar con mayor efectividad sus blancos preferidos: los transatlánticos que transportaban mercancías y suministros, incluyendo alimentos. Al hundirlos, Alemania hizo más vulnerables a Reino Unido y otros aliados. Cuando Estados Unidos se unió a la guerra, llevaban hundidos unos 2,700 barcos; por esto, militares americanos y británicos estudiaron y aplicaron contramedidas que minimizaron por fin la eficacia del U-Boot.

PILOTOS KAMIKAZE

En el Pacífico, eran los kamikazes (viento de los dioses, pilotos suicidas japoneses) quienes perseguían a las fuerzas navales aliadas. En lugar de lanzar bombas desde el avión, estos pilotos chocaban directamente contra las naves u otros objetivos. Con ese método causaron estragos. Sus compatriotas les aplicaron el término kamikaze que procede de una serie de tifones que en agosto de 1281 impidieron una invasión mongola de Japón.

Las fuerzas aliadas presenciaban aterradas cómo se precipitaban contra objetivos militares, como destructores y portaaviones. Impulsados por los valores tradicionales del honor y del país antes que el yo, estos pilotos estaban dispuestos a morir por su nación. Tal sacrificio tomó por sorpresa a las fuerzas navales aliadas. Incluso cuando los Aliados disparaban contra un kamikaze, el piloto seguía hacia su objetivo.

En los ataques llamados *Blitzes*, los bombarderos alemanes atacaban ciudades y países hasta someterlos. Los *Blitzes* no tenían reglas; civiles y militares se convertían en objetivos. Derribaron cuadras enteras de ciudades, mataron a miles de personas, destruyeron muchas de las construcciones históricas europeas y pusieron de rodillas al enemigo. Reino Unido sufrió bombardeos durante más de cinco años, pero nunca se rindió. La gente se refugiaba donde podía, como en los túneles del metro. Las pruebas de esos ataques siguen siendo visibles. Por ejemplo,

Los bombardeos alemanes, llamados Blitzes (relámpagos), destruyeron muchos edificios en todo Reino Unido y en ciudades como Londres. Un bombero apaga el fuego de una iglesia londinense bombardeada.

visitantes a la Abadía de Westminster, un monumento histórico y simbólico londinense de casi mil años de antigüedad, pueden ver las marcas y los agujeros que aún quedan en sus muros.

PREGUNTA: ¿POR QUÉ NADIE HIZO NADA?

En una sociedad civilizada, un sistema sólido de separación de poderes debe controlar a los gobiernos. Sin embargo, en la Segunda Guerra Mundial, los alemanes perpetraron el asesinato de casi ocho millones de judíos y otros grupos que consideraban indeseables mediante el Holocausto, entre otros métodos. Los japoneses mataron a millones de chinos en una campaña que duró ocho años, desde finales de la década de 1930 hasta el final de la Segunda Guerra Mundial.

En 1942, poco después del ataque a Pearl Harbor, el presidente Roosevelt ordenó la reubicación forzada de estadounidenses de ascendencia japonesa en campos de internamiento. Entre 110,000 y 120,000 japoneses-estadounidenses fueron recluidos durante cuatro años en suelo estadounidense, debido sobre todo a la creencia de que simpatizaban con el nuevo enemigo de Estados Unidos y al odio abrumador que los norteamericanos sentían hacia ellos después del ataque a Pearl Harbor. Durante cuatro años, los japoneses-estadounidenses estuvieron aislados y sometidos a continuas pruebas para que dieran testimonio de su patriotismo.

PROYECTO
SI PUDIERA VIAJAR AL PASADO: IMPEDIR LA BARBARIE

¿Qué sabían los ciudadanos de Alemania y de Japón? ¿Por qué permitieron los italianos que su país se aliara con el Eje? ¿Qué sabían o hacían los partidos mayoritarios y otros partidos políticos en las naciones del Eje? ¿Por qué nadie detuvo a Hitler? ¿Ignoraban los estadounidenses que sus preciosas libertades se negaban a sus compatriotas de ascendencia japonesa?

- Considera cómo los medios de comunicación estatales pudieron ocultar hechos al público.
- En Estados Unidos, donde tanto se aprecia la Primera Enmienda, ¿se informó a los ciudadanos de la existencia de los campos de internamiento para japoneses-estadounidenses? ¿Se tomó alguna medida legal para ayudarlos, o el Gobierno ocultó también esa información al poder judicial?
- ¿Dónde estaban los grupos políticos opositores en el esquema de la Segunda Guerra Mundial? ¿Es que Hitler y Mussolini no tuvieron oposición? ¿Vio Japón el surgimiento de alguna oposición al orden imperial?

- Veinte años después de la Segunda Guerra Mundial, Estados Unidos se llenó de manifestantes exigiendo el fin de la guerra de Vietnam. ¿Por qué la Segunda Guerra Mundial no estuvo caracterizada por esas mismas protestas cívicas?

- Piensa en por qué ni el público, ni los partidos políticos de la oposición ni los grupos de

El aprendizaje basado en proyectos permite al grupo trabajar unido y compartir las responsabilidades de la investigación, intercambio de ideas, el desarrollo y el acabado del producto, así como su presentación.

protesta lograron detener el trato brutal e inhumano dado a los grupos étnicos.

- Después de la investigación del equipo, formen un consejo, comité, grupo de ciudadanos preocupados de naciones como Alemania, Japón, Italia y Estados Unidos. Para organizar las misiones y los roles del grupo, existen de herramientas como Stormboard, Google Drive y Hangouts, Livebinders y Asana. Hagan un intercambio de ideas para resolver problemas como:
  - La llegada de Hitler al poder y las muertes ocurridas en los campos de exterminio alemanes.
  - Las invasiones japonesas y alemanas de países vecinos y los genocidios que conllevaron.
  - La entrada de Mussolini en las potencias del Eje.
  - La reclusión de japoneses-americanos en Estados Unidos.

PREGUNTA: ¿SE DEBERÍA HABER LANZADO LA BOMBA ATÓMICA?

En 1943 Italia se rindió a los Aliados, y los soldados italianos entraron en las fuerzas aliadas para luchar contra los alemanes. Entre abril y mayo de 1945, el ejército soviético cruzó Alemania para capturar Berlín, donde luchó durante más de dos semanas contra las diezmadas fuerzas alemanas. Aunque los soviéticos sufrieron grandes pérdidas, Hitler, escondido en su búnker, era consciente de que sus sueños habían sido aplastados y el 30 de abril acabó por suicidarse. La noche del 2 de mayo el general Hasso von Manteuffel y otros oficiales de alto rango se rindieron a los Aliados.

No obstante, Japón siguió luchando. Aunque sufría la pérdida de soldados, recursos y armamento, el código de honor japonés impedía la rendición. Con millones y millones de muertos en ambos bandos, las potencias aliadas sabían que era necesario detener la contienda, y eran conscientes de que Japón no se rendiría a menos que se usara un arma poderosa.

En un programa de alto secreto llamado Proyecto Manhattan, Estados Unidos y Canadá fabricaron dos bombas atómicas, las primeras de la historia. Los días 6 y 9 de agosto de 1945, Estados Unidos las lanzó sobre las ciudades japonesas de Hiroshima y Nagasaki, con el consentimiento de su principal aliado, Reino Unido. Las bombas mataron de inmediato a unas 130,000 personas, y sus secuelas (como la radiación) elevaron a 300,000 el número de víctimas mortales.

Japón se rindió el 15 de agosto de 1945. La guerra había terminado pero, en muchos sentidos, acababa de empezar. Aunque gran parte del mundo se alegraba del final de las hostilidades, el drama de las bombas atómicas conmocionó al mundo. Las naciones se obsesionaron con la

La segunda bomba atómica, arrojada por Estados Unidos sobre Nagasaki el 9 de agosto de 1945, conllevó la rendición incondicional de Japón y el fin de la Segunda Guerra Mundial.

amenaza nuclear y comenzaron a desarrollar programas para protegerse. Stalin, excluido del Proyecto Manhattan y con mala relación con el presidente de Estados Unidos Harry S. Truman, estaba enojado por el engaño. La carrera nuclear definiría las cinco décadas siguientes, cuando Estados Unidos y la Unión Soviética se liaron en la Guerra Fría.

La amenaza nuclear continúa envenenando las relaciones internacionales, pese a que los bombardeos atómicos de Japón en 1945 siguen siendo los únicos de la historia. Corea del Norte empezó a realizar ensayos nucleares en 2006, y el verdadero alcance de su capacidad nuclear se desconoce debido al aislacionismo del país. Aunque el programa nuclear de Irán tiene, según sus líderes, fines pacíficos, Estados Unidos lo pone en duda. Las bombas atómicas acabaron con la guerra más mortífera de la historia, pero el mundo vive inmerso en la amenaza que crearon.

PROYECTO
DEBATIR LA BOMBA ATÓMICA

- Dividan el equipo o la clase en bandos opuestos, para que uno desarrolle argumentos en favor de lanzar una bomba y otro en contra. Planifiquen y detallen cuáles serán sus argumentos antes del debate. Algunos puntos sobre los que deberían intentar reflexionar son los siguientes, aunque pueden formularse de muchas maneras:
  - Si no se hubieran lanzado las bombas, la continuación de la guerra ¿habría provocado una enorme pérdida de vidas humanas? ¿O podrían haberse tomado otras medidas?
  - La bomba atómica mató a miles de inocentes, todos ellos en Japón. Continuar la guerra habría significado bajas en ambos bandos. ¿Cómo deberían los líderes sopesar las vidas de civiles enemigos en

En el aprendizaje basado en proyectos, se anima a los estudiantes a comentar y debatir los temas que estudian; por ejemplo, si se debió lanzar o no bombas atómicas sobre Japón.

relación a las de sus propios soldados?

- La bomba atómica dio paso a un mundo que vivía inmerso en la amenaza nuclear, un estado que continúa hoy. ¿Creen que esto seguiría siendo el caso si la bomba atómica se hubiera fabricado pero no se hubiera utilizado?

- ¿Se trata tal vez de que Estados Unidos y los Aliados no tenían otra opción si querían terminar con la guerra de una vez?

- Para planificar y llevar a cabo su debate, usen herramientas como Argunet, bCisive y Debate Map.

PREGUNTA: ¿AYUDAN LAS NARRACIONES DE LA SEGUNDA GUERRA MUNDIAL A ENTENDER EL VERDADERO IMPACTO DE LA GUERRA?

La Segunda Guerra Mundial encarna el drama de la vida real: familias separadas y masacradas en genocidios, inocentes asesinados en represalias, destrucción generalizada y un legado del tipo de arma más mortífera jamás conocida. No es de extrañar que haya habido innumerables intentos de recrear la guerra, por ejemplo en novelas, programas de televisión, videojuegos o películas.

Algunas operaciones de la Segunda Guerra Mundial fueron especialmente "teatrales". Por ejemplo, antes de la invasión de Normandía, las fuerzas aliadas instalaron un "ejército fantasma" de tanques inflables y de cartón y otras armas simuladas. Cierto armamento se ocultó en el litoral entre árboles falsos. Los actores se sirven del atrezo, y eso mismo hicieron los valerosos combatientes de la Segunda Guerra Mundial. Al hacerlo, permitieron a los Aliados prevalecer contra el Eje.

PROYECTO
PONERSE EN SU LUGAR

Si bien es interesante leer o ver los relatos de otras personas sobre la guerra, esta es tu oportunidad de hacer los suyos propios. Ponte en el lugar de los soldados de la Segunda Guerra Mundial que lo arriesgaron todo y, por hacerlo, cambiaron el curso de la historia.

Utiliza fuentes de información fiables para buscar historias de gente que vivió acontecimientos históricos importantes. Por medio de esa investigación, podrás asimilarlas y contarlas en tu proyecto.

- Lee un cuento o una novela sobre la Segunda Guerra Mundial. A continuación, mira una película ambientada en esa época. El bibliotecario de tu escuela te ayudará a encontrar ejemplos.
- Investiga acontecimientos bélicos significativos. Las posibilidades incluyen:
  - La batalla de Midway.
  - La batalla de Stalingrado.
  - La batalla de Inglaterra.

- La batalla de Normandía.
- La batalla de las Ardenas.
- La Operación Barbarroja.
- La batalla de Berlín.
- La batalla de Shanghái.
- La batalla de Iwo Jima.
- La Operación Torch.
- La Operación Crusader.
- La Operación Brevity.
- La Operación Battleaxe.
- La batalla de Gazala.
- La invasión germano-soviética de Polonia.
- La rendición de París.
- La batalla del agua pesada.

- **Selecciona uno y represéntalo todo (o lo más destacado) para tu clase.**
  - Escribe antes el guión y luego ensáyalo con tu reparto de actores.
  - Trata de representar las partes del mundo donde ocurrió. Utiliza imágenes para recrear el acontecimiento que tu equipo interprete.
- **Este proyecto debe abordarse con cuidado y sirviéndose de toda la sensibilidad posible. Los miembros de tu equipo deben abstenerse de usar iconografías o disfraces que puedan resultar polémicos o hirientes.**

GLOSARIO

aislacionismo: política consistente en aislar al propio país de los asuntos de otras naciones.

antisemitismo: hostilidad hacia los judíos, su cultura o su influencia.

ario: término utilizado por los nazis o sus simpatizantes para designar a una supuesta raza superior de caucásicos no judíos.

atrocidad: acto extremadamente violento y cruel.

bushidō: (camino del samurái) código japonés que incluye lealtad absoluta, maestría castrense y honor hasta la muerte.

crímenes de guerra: violaciones graves del Derecho Internacional, caracterizadas por la responsabilidad penal individual.

criptógrafo: persona que cifra o descifra mensajes en clave.

dictador: líder político que ostenta el poder absoluto y lo ejerce de manera opresiva o abusiva.

encubierto: oculto, no manifiesto.

expansionismo: política de expansión territorial o económica.

genocidio: masacre o exterminio deliberado y sistemático de un grupo nacional, racial, político o cultural.

internamiento: confinamiento en prisiones, sobre todo con fines políticos o militares.

nacionalismo: sentimiento fervoroso de lealtad y devoción a una nación, caracterizado por un sentido de superioridad y preeminencia sobre otras naciones.

ocupación: control de un área por una fuerza militar extranjera.

propaganda partidista: ideas, hechos, acusaciones y rumores que se propagan para perjudicar la causa opuesta.

PARA MÁS INFORMACIÓN

Canadian Centre for the Victims
of Torture (CCVT)
194 Jarvis Street, 2nd Floor
Toronto, ON M5B 2B7
Canada
(416) 363-1066
Sitio web: http://ccvt.org
El CCVT, que forma parte del
Centro Canadiense para la
Investigación y la Prevención
de la Tortura, ofrece asesora-
miento especializado, asisten-
cia jurídica y atención a los
sobrevivientes.

The Center for Holocaust and
Genocide Studies (CHGS)
University of Minnesota
214 Social Sciences Building
267 19th Avenue S
Minneapolis, MN 55455
(612) 624-9007
Sitio web: https://cla.umn.edu
/chgs
Facebook and YouTube:
@chgsumn
Este centro se dedica a analizar
y comprender las causas, la
influencia y el legado del Holocausto, así como de otros
genocidios y masacres.

Facing History and Ourselves
16 Hurd Road
Brookline, MA 02445
(617) 232-1595
Contact: https://www
.facinghistory.org/contact
Facebook & Twitter:
@facinghistory
Organización sin ánimo de
lucro que involucra a estudiantes de diversos orígenes
en un examen del racismo,
los prejuicios y el antisemitismo.

Library and Archives Canada
395 Wellington Street
Ottawa, ON K1A 0N4
Canada
(866) 578-7777
Facebook and Twitter:
@libraryarchives
La Segunda Guerra Mundial
fue el tercer conflicto mayor
en el que participó Canadá,
con un costo de cuarenta y
cinco mil vidas. Estos archivos ofrecen investigación,
exposiciones virtuales,
registros abiertos y bases de
datos.

Library of Congress
101 Independence Avenue, SE
Washington, DC 20540
(202) 707-5000
Sitio web: https://www.loc.gov/rr
/program/bib/WW2
/WW2bib.html
Facebook and Twitter:
@libraryofcongress
Dispone de extensos archivos
de guerra. Entrevistas,
fotos, cartografías, exposiciones e historias orales
son solo el principio de su
vasta colección.

Nanking Massacre PROYECTO
Yale University Divinity Library
409 Prospect Street
New Haven, CT 06511
(203) 432-5290
Sitio web: http://web.library.yale
.edu/divinity/nanking
Este proyecto mantiene un archivo digital de documentos y
fotografías de los misioneros
estadounidenses que presenciaron la Masacre de Nankín.

National Archives
8601 Adelphi Road
College Park, MD 20740
(866) 272-6272
Facebook: @usnationalarchives
Twitter: @USNatArchives
YouTube:
@USNationalArchives
Los Archivos Nacionales dan a
los visitantes acceso directo
a material de la Segunda
Guerra Mundial, como
informes militares, archivos que sobrevivieron al
conflicto, discursos, fotos,
información sobre códigos
secretos y registros de cri-
minales de guerra.

United States Holocaust
Memorial Museum
(USHMM)
100 Raoul Wallenberg Place, SW
Washington, DC 20024
(202) 488-0400
Sitio web:
https://www.ushmm.org
Facebook: @holocaustmuseum
Twitter: @HolocaustMuseum
Recopila materiales sobre el
Holocausto, como fuentes
primarias, en una variada
oferta de formatos.

MÁS LECTURAS

Bains, Alisha, ed., *World War II: A Political and Diplomatic History of the Modern World.* New York, NY: Britannica Educational Publishing, 2017.

Bartrop, Paul R. *A Biographical Encyclopedia of Contemporary Genocide: Portraits of Evil and Good.* Santa Barbara, CA: ABC-CLIO, 2012.

Burgan, Michael. *Japanese American Internment* (Eyewitness to World War II). North Mankato, MN: Compass Point Books, 2018.

Darman, Peter. *Attack on Pearl Harbor: America Enters World War II.* New York, NY: Rosen Publishing, 2013.

Darman, Peter. *The Battle of the Atlantic: Naval Warfare from 1939–1945.* New York, NY: Rosen Publishing, 2012.

Darman, Peter. *The Holocaust and Life Under Nazi Occupation.* New York, NY: Rosen Publishing 2013.

Ellis, Catherine, ed., *Key Figures of World War II: Biographies of War.* New York, NY: Britannica Educational Publishing, 2016.

Mann, Tara, ed., *World War I: A Political and Diplomatic History of the Modern World.* New York, NY: Britannica Educational Publishing, 2017.

Servin, Morgan. *World War II Close Up: The War Chronicles.* New York, NY: Rosen Publishing, 2016.

Throp, Claire. *The Horrors of the Holocaust* (Deadly History). North Mankato, MN: Capstone, 2018.

Timmons, Angie. *The Nanjing Massacre.* New York, NY: Rosen Publishing, 2018.

BIBLIOGRAFÍA

Beasley, W.G. *Japanese Imperialism 1894–1945*. Oxford, UK: Oxford University Press, 1987 (reprint 1999).

Chang, Iris. *The Rape of Nanking: The Forgotten Holocaust of World War II*. New York, NY: BasicBooks, 1997 (reprint 2014).

Del Pilar Álvarez, María, et al. "The Limits of Forgiveness in International Relations: Groups Supporting the Yasukuni Shrine in Japan and Political Tensions in East Asia." Janus.Net: E-Journal of International Relations, vol. 7, no. 2, Nov2016–Apr2017, pp. 26–49. EBSCOhost, search.ebscohost.com/login.aspx?direct=true&db=a9h&AN=120427040&site=ehost-live.

History Channel. *WWII from Space*. History Channel, 2015. https://www.youtube.com/watch?v=TdBSwhms7O4.

Levinson, David. "Xenophobia." World History: The Modern Era, ABC-CLIO, 2017. http://worldhistory.abc-clio.com/Search/Display/421575.

Magelssen, Brian N. "The Willful Ignorance of Japan's Past." Chinese American Forum, vol. 31, no. 1, Jul–Sep2015, pp. 15–20. http://caforumonline.net/CAFHandlerPDF.ashx?ID=416.

National Geographic. "Inside WWII. National Geographic/YouTube, 2016. https://www.youtube.com/watch?v=uze8P5tPOqk. Retrieved September 26, 2017.

"Nationalism." World History: The Modern Era, ABC-CLIO, 2017, worldhistory.abc-clio.com/Search/Display/309385.

Neier, Aryeh. *War Crimes: Brutality, Genocide, Terror, and the Struggle for Justice*. New York, NY: Times Books (Random House), 1998.

"Sino-Japanese War of 1937–1945." World History: The Modern Era, ABC-CLIO, 2017, worldhistory.abc-clio.com/Search/Display/309967.

ÍNDICE

ACERCA DE LA AUTORA

Angie Timmons estudió Periodismo y Sociología en la Texas Tech University. Ha trabajado como redactora de noticias impresas, así como escritora técnica y comercial. Ha publicado otros cuatro títulos para Rosen: *The Nanjing Massacre, Everything You Need to Know About Racism, Real-World Projects to Explore the Cold War* y *How to Create Digital Portfolios to Show What You Know*. Angie vive en un barrio residencial de Dallas con su esposo, Jason, y sus tres gatos.

CRÉDITOS FOTOGRÁFICOS

Cubierta, p. 1 Phovoir/Shutterstock.com; p. 3 Ollyy/Shutterstock.com; p. 4 Pressmaster/ Shutterstock.com; p. 5 Bettmann/Getty Images; p. 8 Hulton Archive/Archive Photos/Getty Images; p. 11 Universal History Archive/Universal Images Group/Getty Images; p. 14 Underwood Archives/Archive Photos/Getty Images; p. 18 Wavebreakmedia/iStock/ Thinkstock; p. 22 National Archives; p. 25 Jeffrey Greenberg/Universal Images Group/Getty Images; p. 27 ullstein bild/Getty Images; p. 32 Andrew Burton/Getty Images; p. 35 The Washington Post/Getty Images; p. 37 Glyn Kirk/AFP/Getty Images; p. 39 Bletchley Park Trust/SSPL/Getty Images; p. 41 SeventyFour/Shutterstock.com; p. 45 Central Press/Hulton Archive/Getty Images; p. 48 Jupiterimages/PHOTOS.com/Thinkstock; p. 51 Library of Congress, Prints and Photographs Division; p. 53 Monkey Business Images/Shutterstock .com; p. 55 © iStockphoto.com/mediaphotos.

Diseño: Nelson Sá; Puesta en papel: Raúl Rodríguez; Directora editorial, español: Nathalie Beullens-Maoui; Editora: María Cristina Brusca; Investigadora fotográfica: Nicole DiMella